I mog di
Bayern

… weil i bei dir ollawei gern g'seng bin …

[weil ich bei dir immer willkommen bin]

Wir Bayern sind im Allgemeinen offen und direkt, *mir sogn hoit wia's is*. Freiheraus äußern wir unsere Zustimmung – aber auch unseren Unmut: *Geh weida, so a Schmarrn!* Das *Grantln* gehört eben zur bayrischen Mentalität *wia'da Budda aufs Brot*. Dabei ist der sogenannte „Volkssport" durchaus positiv besetzt. Das *Grantln* ist sozusagen die bayerische Form liberaler Meinungsfreiheit. In der Regel ist ein *Grantler* ein äußerst liebenswerter und geselliger Mensch, das *Grantln* im Grunde nur ein Ausdruck wohlwollender Kritik. So kritisiert z. B. ein knappes *„Stoi di net so bläd!"* die Vorgehensweise des Gegenübers, aber dahinter verbirgt sich auch eine ehrliche Hilfsbereitschaft. *Oiso Leit*, nicht abschrecken lassen. Servus in Bayern!

… weilst (ko)a Engerl bist …

[weil du (k)ein Engel bist]

Der deutsche Chronist Johannes Aventinus (*1477, † 1534) beschreibt in seinem Werk die *„Baierische Chronik"* den Charakter und die Gemütslage der Bayern. Dabei berichtet er von einer gewissen Trinkfreude, einer herzlichen Geselligkeit mit Gesang, Tanz und Spiel, ganzen Schweinespießen, großen Hochzeitsgelagen und kirchlichen Feiertagen. Seine Einschätzung des „typischen Bayern" lautet im Wesentlichen wie folgt: „[Er] ist ehrlich und unsträflich, raicht kainem zum nachteil, kumpt kainem zu Übel…" So durchschaut zu werden ist dem Bayer fast schon unangenehm. *Aber mei, wos wuist do macha? Es is wia's is.*

… weil ma uns guad vastengan …

[weil wir auf gleicher Wellenlänge liegen]

Wos sogst dazu: Umfragen zufolge ist der bairische Dialekt die beliebteste deutsche Mundart. Über ein Drittel der Deutschen lauschen am liebsten der *boarischen Goschn*. An zweiter Stelle der Beliebtheitsskala steht das *norddütsche Platt*, dicht gefolgt von der *Berliner „Kotterschnauze"*. Einer Erzählung nach erschuf der *liabe Herrgott* höchstpersönlich am 8. Tag seiner Schöpfung die Dialekte. Der Berliner war rundum zufrieden: *„Ick habe nen knorke Dialekt, wa?"* Der Hanseate strahlte: *„Ik snak platt, und dat is goad!"* Auch der Kölner war überglücklich: *„Üwwa minge Dialekt kütt nix!"* Nur leider war für den Bayer kein einziger Dialekt mehr übrig und er wurde sehr, sehr traurig … Da hatte der liebe Gott schließlich ein Einsehen und sagte: *„Ja mei, Bua, dann red hoid so wia I!"* Damit wäre nun auch endlich erklärt, warum wir Bayern alle Welt mit einem herzlichen *„Griaß God!"* empfangen.

… weil i auf di zäin ko …

[weil ich auf dich zählen kann]

Oans, zwoa, drei, gsuffa! Ein echtes Multitalent – Werbeträger, Sammelobjekt oder praktischer Rechnungsbeleg … Ob rund, eckig, blanko oder bunt bedruckt: Bierdeckel sind heutzutage Kult. Die Schweizer nennen sie Bierteller, wir in Bayern sagen *Biafuizln*. Im 19. Jahrhundert verwendete man noch echte Filze als Untersetzer und zum Abdecken der Krüge im Freien. Die Bierfilze von damals würden heutigen Hygienevorschriften allerdings kaum Stand halten – sie sogen extrem viel Feuchtigkeit auf, waren ein Tummelbecken für Bakterien und überhaupt gar nicht so recht für die Wiederverwendung geeignet. Beim Abräumen mussten sie eingesammelt, mühsam aufgehängt und luftgetrocknet werden. Ende des 19. Jahrhunderts kam man dann auf die Idee, Bierdeckel aus dem heute üblichen Holzfasergemisch herzustellen. Übrigens sind die geschäftstüchtigen Schwaben weltweit führend in der Produktion: In Weisenbach bei Murgtal werden 40% des weltweiten Bedarfs produziert – das sind etwa 10 Millionen *Biafuizln* am Tag. *Sauba!*

… weilst irgendwie „galaktisch" bist …

[weil du einfach galaktisch bist]

Bayern: unendliche Weiten – 70.551,57 km². Wir schreiben das 21. Jahrhundert. Dies ist das Land, das mit seiner etwa 12.492.568 Mann starken Besatzung im Herzen Europas liegt. Hier eröffnet sich allen „extraterrestrischen" Besuchern – sprich Nicht-Bayern – eine bisher unbekannte Galaxie. In Bayern liegen uralte Traditionen und jüngster Fortschritt eben nah beieinander, sagt man. Aber was ist wirklich dran an der berühmten Mär von „Laptop & Lederhosen"? Tatsächlich sind die Nationaltracht und die ersten modernen „High-Tech" Errungenschaften, wie Fraunhofers Optik oder Oskar von Millers Elektrik, annähernd gleich alt. Die heimische Tracht ist strenggenommen eine noch recht junge Erfindung des 19. Jahrhunderts. Aufgeschreckt durch die revolutionären Unruhen im 18. Jahrhundert, hatten die Dynastien begonnen, die Kleidung des Volkes als Zeichen der Sympathie zu tragen. So auch die Wittelsbacher, die geistigen Erfinder der bayerischen Nation. Ob nun alt oder jung – *es huift ja doch nix: Mia san mia. Und des war scho immer so.*

… weilst sauguad bist, so wias'd bist …

[weil du nicht alles tierisch ernst nimmst]

„Kleinwüchsiges diebisches Bergvolk!" nannte einst der römische Historiker Tacitus Publius Cornelius (* um 55; † nach 116) die „Bayern", besser gesagt die Baiuwaren, in einer seiner Schriften. So gesehen kann es uns eigentlich niemand übel nehmen, wenn wir Bayern also kontern: *Saupreiß!* Dabei ist dieser Ausspruch gar nicht beleidigend gemeint. Er dient in aller Regel als wertneutraler Hinweis auf die nicht-bayerische Herkunft einer Person. Also für alle, die nördlich des Weißwurstäquators leben. Der sogenannte „Weißwurstäquator" ist eine – nicht ganz ernst gemeinte – imaginäre Kulturgrenze, die zwischen Altbayern und der übrigen Bundesrepublik verlaufen soll. Also überall dort, wo auch die Weißwurst ihre Verbreitung findet. Versöhnend können wir Bayern aber durchaus anerkennen: „It's nice to be a Preiß".*

* (… But it's higher to be a Bayer!)

... weilst einfach spitze bist ...

[weil du einsame spitze bist]

Die Zugspitze ist mit ihren 2962,06 Metern der höchste Berg Deutschlands. Von Österreich aus betrachtet ist der Bergriese sogar ganze 27 cm höher. In Österreich wird nämlich nach dem *Triester Pegel* gemessen, in der Bundesrepublik dagegen nach dem *Amsterdamer Pegel*. Der *Triester Pegel* misst die Höhe über dem Meeresspiegel bezüglich des mittleren Pegelstands der Adria am Molo Sartorio von Triest, während sich der *Amsterdamer Pegel* am mittleren Meeresspiegel der Nordsee orientiert. Für alle, die sich die fantastische Aussicht gerne schwer verdienen – *Johann Sanktjohanser,* Urgestein aus Garmisch, macht's vor: Mittlerweile hat er schon über 315 Mal den Gipfel erklommen – davon genau 201 Mal barfuß! Trainiert wird systematisch mit Eisbädern und Nagelbrettern. Spitze! Aber keine Sorge, der Rekordgipfel lässt sich auch ganz bequem mit der Bahn erklimmen. *Auffi, pack ma's!*

… weilst mi mogst, a wenn i amoi a rechter Kindskopf bin…

[weil du mich magst, auch wenn ich total kindisch sein kann]

Holleri du dödl di – schon Loriot wusste: Jodeln hat Zukunft. Mit dem Jodeldiplom, da hat man was in der Hand. Heute ist das Jodeln reine musikalische Unterhaltung, früher diente es den Bergbewohnern jedoch auch zur Verständigung von Alm zu Alm: Man hielt das Vieh mit Lockrufen, den sogenannten Jodlern, auf der Weide zusammen, oder warnte sich gegenseitig vor Gefahren. Auch in anderen Breitengraden hat das Jodeln lange Tradition: Die Saamen in Lappland *joiken* zum Beispiel zur Geburt ihrer Kinder, jedes von ihnen bekommt seinen ganz persönlichen *Joik*; die Mokombi in Zentralafrika wiegen ihren Nachwuchs mit rhythmischem „Jodeln" sanft in den Schlaf. Weltrekord-Halter im Dauer-Jodeln ist übrigens der Österreicher Roland Roßkogler mit beachtlichen 14 Stunden und 37 Minuten. *Schaugt so aus, ois hättn mia Bayern do gschloffa …*

... weils ohne di recht fad waar...

[weil's ohne dich echt öde wäre]

Das obligatorische *Soiz auf da Brezn* verdanken wir unter anderem der heimischen Förderung von Steinsalz. Im Salzbergwerk Berchtesgaden wird beispielsweise schon seit nahezu 500 Jahren Steinsalz abgebaut. „*Weiß Goid*" wurde es früher genannt. Schließlich war man auf das „*Eisoizn*" von Lebensmitteln zur Konservierung angewiesen, als es noch keine Gefrierschränke gab. Wenn sich der Abbau nicht mehr lohnt, werden Salzbergwerke heute wegen der spezifischen Eigenschaften des Salzes zunehmend auch als Heilstollen genutzt. Zum einen lindert die salzhaltige Luft Atemwegsbeschwerden, zum anderen findet man tief im Innern des Berges, fernab von allen äußeren Umwelteinflüssen, Ruhe und Entspannung. Wenn jetzt noch ein Solebrunnen fröhlich vor sich hin plätschert, ist er perfekt – der „Tag am Meer" ...

… weil i mit dir aa amoi
a blau's Wunder erleb …

[weil du für eine Überraschung aus heiterem Himmel gut bist]

Im Stephansdom zu Passau steht ein kleines technisches Wunderwerk: die größte Orgel Europas, zugleich größte Domorgel der Welt, mit 17.794 Pfeifen und 233 Registern. Die größte der Orgelpfeifen misst allein schon über 11 Meter! Die Orgel setzt sich genaugenommen aus fünf autarken Orgelwerken zusammen, die sich jedoch alle über einen Hauptspieltisch bedienen lassen. Der Passauer Dom selbst zählt zu den größten Domen nördlich der Alpen. Seinen barocken Stil erhielt er beim Wiederaufbau Ende des 17. Jahrhunderts, nachdem Stadtbrände ihn fast vollständig zerstört hatten. Hoch oben in den beiden Kuppeltürmen ertönen acht Glocken. Die größte von ihnen, die *Pummerin*, hat einen Durchmesser von 2,32 m und wiegt stolze 7.750 kg. Der Stephansdom ist also gleich in mehrfacher Hinsicht ein einmaliges Klangerlebnis.

… weils di nur oamoi gibt auf dera Wäid …

[weil du einmalig bist]

Ein echtes Unikat: der Wolpertinger, auch liebevoll Wolpi genannt; bizarres Fabelwesen aus 2-8 heimischen Tieren; der Legende nach extrem scheu, nachtaktiv und etwa 30-55 cm groß; ernährt sich, so nimmt man allgemein an, ausschließlich von *„preußischen Weichschädeln"*. Leider weiß keiner so genau, woher der Name „Wolpertinger" eigentlich kommt. Eine mögliche Spur führt uns nach Wolterdingen bei Donaueschingen. Hier haben früher Glasmacher Schnapsgläser in Form von lustigen Tiergestalten angefertigt, die fortan „Wolterdinger" genannt wurden. Daraus könnte sich später dann der Name „Wolpertinger" entwickelt haben.

... weilst a echts Schatzerl bist ...

[weil du ein echter Schatz bist]

Goldfieber in Bayern! Unterirdische Bodendenkmäler, u. a. aus der Bronze- und Jungsteinzeit, machen Bayern zu einem wahren Eldorado für Hobby-Archäologen und Schatzsucher. Mancherorts werden sogar richtige „Feriengrabungen" organisiert. Erste Lektion: Nicht alles, was glänzt, ist Gold. Das musste auch Kurfürst Friedrich IV. von der Pfalz feststellen. Er hatte 1596 eine auffällig gold schimmernde Substanz in einer Grotte entdeckt und ließ diese sofort nach oben schaffen. Leider wurde er enttäuscht: Sein „Schatz" entpuppte sich als gewöhnlicher Höhlenlehm. *O mei!* Die Grotte ist aber trotzdem ein wahres Schmuckstück: Es handelt sich um die legendäre Maximiliansgrotte bei Krottensee in Neuhaus a. d. Pegnitz. Sie ist Deutschlands größte Tropfsteinhöhle und über 1200 Meter lang. Seit 1878 kann man sie besichtigen und bis zu 70 Meter tief in eine geheimnisvolle Kalksteinwelt hinabtauchen.

Schatz

Gemeinde Nandlstadt

… weilst net ollawei im Mittelpunkt steh muasst …

[weil sich nicht immer alles um dich drehen muss]

Geht man in Neualbenreuth zu Fuße des Tillenberges spazieren, so stößt man irgendwann auf einen Stein – an sich nichts Ungewöhnliches, aber dieser hier ist doch etwas Besonderes: angeblich hatte ihn Napoleon 1805 setzen lassen und stoisch trägt er seither die gewichtige Aufschrift „Mittelpunkt Europas". Tatsächlich lag der geografische Mittelpunkt Europas bis vor einigen Jahren genau hier in Bayern, an der Grenze zu Tschechien, im schönen „Stifterland" in der Oberpfalz. Als dann das Französische Nationale Geografische Institut 1989 Europa neu vermessen ließ, verschob sich der Mittelpunkt. Demzufolge liegt er nun in der Nähe des Dorfes Purnusk, gute 30 km nordöstlich von Vilnius, der Hauptstadt Litauens. Mittelpunkt hin oder her – die Neualbenreuther fühlen sich trotzdem wohl. *Dahoam is's hoit am ollascheenan!*

Le Jeu des quatre Coins ou Les cinq Frères.

... weilst Köpfchen host ...

[weil du ein kluger Kopf bist]

Das *Schafkopfen* ist eines der beliebtesten Kartenspiele in Bayern. Es gehört zur bayerischen Wirtshauskultur *wiad Drambahn auf d' Schiena*. Woher das *Schafkopfen* eigentlich seinen Namen hat, weiß man nicht genau. Möglicherweise leitet er sich von dem Begriff „Schaff" ab, einem großen Bottich aus Holz oder Blech. Man nimmt an, dass früher auf den Deckeln dieser Behälter, den sogenannten „Köpfen", Karten gespielt wurde. Einer anderen Theorie nach hat man früher den Spielstand mit Kreidestrichen notiert, die sich dann nach und nach zu einem Schafskopf zusammensetzten. Auf jeden Fall ist es bei diesem Strategiespiel sicher von Vorteil, wenn man sich als „Wolf im Schafspelz" tarnt, um dann die *Spezln* beim *Schafkopfa sauba zum bratzln!*

… weilst pfundig bist …

[weil jede Menge in dir steckt]

A Batzal, a weng oder vui z' vui – in Bayern *derfs ruhig a bisserl mehra sei* … Prachtvoll bemalte Landhäuser mit reichen Verzierungen und üppigem Blumenschmuck, riesige *Schweinshaxn*, überdimensionale *Kneedl* und *dazua a Maß Bier* … Wir sind eben keine geborenen Erbsenzähler. Diese Einstellung haben wir uns, so scheint es, bis heute erhalten. Auch wenn die ersten Maßangaben bereits Anfang des 19. Jahrhunderts verbindlich für Bayern festgelegt wurden. Fortan betrug das „altbayrische Maß" ordentliche 1069,027 ml und das „Pfund" wurde 1811 auf 560,000 g abgerundet. Heute fasst die allseits beliebte Maß genau einen Liter und ein Pfund wiegt ziemlich exakt 500 Gramm. Das Pfund gibt es offiziell eigentlich nicht mehr – zumindest nicht nach dem deutschen „Gesetz über Einheiten im Messwesen". Es wurde 1884 einfach abgeschafft. Aber wir Bayern sind halt sture Böck – ein Pfund ist ein Pfund und eben nicht bloß 500 Gramm. Ach ja, in einem Punkt sind wir besonders stur: *Bittschee*, liebe Nicht-Bayern, es ist nicht „das Maß", sondern „die Maß", und es heißt „Maß" und nicht „Maaaas". Kurzes a. *Vergelt's Gott!*

… weil ma mit dir so schee blau macha ko …

[weil man mit dir blaumachen kann]

Wir in Bayern können uns im bundesweiten Vergleich über die meisten gesetzlichen Feiertage freuen. Nicht umsonst wird uns nachgesagt, wir verstünden was vom Feiern. Damit aber nicht nur wir Bayern etwas davon haben, sondern alle – dafür gibt es ja schließlich das Oktoberfest, unsere Wies'n. Die erste Veranstaltung fand anlässlich der Hochzeit des Kronprinzen Ludwig von Bayern mit Prinzessin Therese von Sachsen-Hildburghausen auf dem nach ihr benannten Festgelände, der Theresienwiese, statt. Zunächst war das Spektakel noch als Pferderennen angelegt, heute ist es das größte Volksfest der Welt mit über 6 Millionen Besuchern p.a.. Allerdings gibt es nur rund 100.000 Sitzplätze. Man sollte also etwas Stehvermögen mitbringen – gleich in doppelter Hinsicht, denn: Für die Wies'n wird ein spezielles Bier gebraut, das Wies'n Märzen, mit einem deutlich höheren Alkoholgehalt. Die boarische Redensart *„I bin so lang net bsuffa, solang i am Bodn liegn ko, ohne mi festhoitn z' miassn"* sollte man besser nicht wörtlich nehmen. *Leit, bittschee, mia ham koan Plotz net!*

… weilst mir a amoi an Marsch blost …

[weil du dir ab und zu Luft machst]

Bayern ist nicht nur ein Land der *Volksmusi*, sondern auch die Heimat weltbekannter Komponisten. Der gebürtige Oberpfälzer Max Reger (1873-1916) war seiner Zeit stets einen Schritt voraus: Viele seiner Werke zeichnen sich durch eine extreme Erweiterung der Tonalität aus, wie man sie bisher noch nicht kannte. Auch privat blieb Reger diesem Grundsatz treu: 1903 heiratet er die geschiedene Protestantin Elsa von Bercken und muss dafür aus der katholischen Kirche austreten. Das Münchner Kindl Richard Strauss (1864-1949) schrieb bereits im Alter von 6 Jahren seine ersten Kompositionen. *„Also sprach Zarathustra"* (1896) ist wohl eines seiner populärsten Werke. Manch einer kennt's vielleicht aus Stanley Kubricks Kultfilm *„2001: Odyssee im Weltraum"*. Sogar Elvis Presley wählte das *Liadl* als *Auftaktmusi* bei seinen Auftritten in Las Vegas. *Oiso*, let's rock'n roll!

… weilst scho ganz sauba bist …

[weil du erfrischend anders bist]

Im Berchtesgadener Land, im Südosten Bayerns, liegt der sauberste See Deutschlands: der Königssee. Umgeben von der malerischen Kulisse der Berchtesgadener Alpen, erstreckt er sich auf einer Fläche von etwa 5 km². Seine Schönheit zog einstmals selbst Könige an. Ein Großteil des Sees gehört heute zum Berchtesgadener Nationalpark. Im Einzugsbereich rund um den Königssee darf keine Landwirtschaft betrieben werden, und die Bayerische Seenschifffahrt setzt ausschließlich Elektroboote ein, so konnte der See bis heute seine Trinkwasserqualität bewahren. Am Westufer des Königssees, auf der Halbinsel Hirschau, liegen das ehemalige Jagdschlösschen der Wittelsbacher und die alte Wallfahrtskapelle St. Bartholomä. Weltberühmt ist der Königssee aber vor allem wegen seines beeindruckenden Echos, das an den Gebirgshängen gleich mehrfach widerhallt.

… weil ma mit dir Pferdl stehln ko …

[weil man mit dir Pferde stehlen kann]

Franz Marc (1880–1916), einer der bedeutendsten Maler des 20. Jahrhunderts und Mitbegründer des Expressionismus, wird 1880 in der Schillerstraße Nr. 18 in München geboren. Zwanzig Jahre später studiert er an der hiesigen Kunstakademie der bayerischen Hauptstadt. Sein Studium führt ihn unter anderem nach Paris. Dort erwacht seine Begeisterung für die Impressionisten und die zeitgenössische Avantgarde. 1911 gründet er zusammen mit Wassily Kandinsky die Künstlervereinigung „Der Blaue Reiter". Der Zusammenschluss der Künstler, zu denen unter anderem auch August Macke, Gabriele Münter und Alfred Kubin gehören, setzt sich über die strengen Formen der akademischen Malerei hinweg. Marc bevorzugt Motive aus dem gesamten Tierreich als Symbol für natürlichen Ursprung und Reinheit. Sein Lieblingstier ist und bleibt jedoch das Pferd. Und da „Blau" sowohl eine Lieblingsfarbe Marcs als auch Kandinskys war, lag der Name „Der Blaue Reiter" gar nicht mehr so fern.

… weil i mi gfrei, wenn i di siehg …

[weil ich mich freue, wenn ich dich seh]

Die Akropolis in Athen, das Schloss von Versailles, die Inkafestung Machu Picchu, die Ruinen von Joya de Cerén, der Taj Mahal, die alte Kirche von Petäjävesi, der Ilulissat-Eisfjord auf Grönland … Seit 1981 gehört auch die Würzburger Residenz offiziell zur Liga der bedeutenden Monumente und wird auf der Liste des Welterbekomitees der Unesco geführt. Insgesamt 32 Natur – und Kulturerbestätten gibt es allein in Deutschland, vier davon liegen in Bayern. Neben der Würzburger Residenz, die eines der schönsten Barockschlösser in ganz Europa ist, zählen auch die Altstädte von Bamberg und Regensburg, und die Wallfahrtskirche „Die Wies" im bayerischen Pfaffenwinkel zum Unesco Welterbe. *Do schaug her!*

… weilst dei Herz am rechtn Fleck host …

[weil du dein Herz am rechten Fleck hast]

Der Bayer, an sich friedliebend, kann *zwider* werden, wenn ihm etwas gegen den Strich geht: *„Himmiherrgottsakramentzefixhalleluja … Rindviech, damisches!"* Hinter der *großn Goschn,* steckt aber auch ein großes Herz … Und das schlägt selbst für *„damische Rindviecher":* Ein guter Bauer kennt jede seiner pelzigen Damen mit Namen. Sogar eine Top-Ten der beliebtesten Kuhnamen gibt es. Absoluter Spitzenreiter in den bayerischen Regierungsbezirken ist „Susi", dicht gefolgt von „Alma" und „Berta". In Franken zählt „Resi" zu den Favoriten, während man in Südbayern wesentlich mehr „Bellas" findet.

… weilst Himme und Höll für mi in d' Bewegung setzt …

[weil du mir Flügel verleihst]

„Ha-lä-luu – Himmi Herrgott Zäfix Sakrament – uu-ia!" – wir Bayern schimpfen für unser Leben gern. Und keiner macht das so schön wie die sympathische Kultfigur, der Engel Aloisius. Sein geistiger Schöpfer ist der bayerische Schriftsteller Ludwig Thoma. 1911 zunächst als Buch erschienen, erobert Aloisius 1962 die Leinwand. Alois Hingerl, Dienstmann auf dem Münchner Hauptbahnhof, trifft mitten bei der Arbeit der Schlag. *Oiso kimmt er in Himme.* Seine zukünftige Aufgabe besteht darin, zu frohlocken und Hosianna zu singen. Aloisius aber kann das Fluchen nicht lassen. Deshalb beschließen der *liebe Herrgott und Petrus* dem *Loiserl* eine andere Aufgabe zu geben: Er soll der bayerischen Regierung göttliche Ratschläge überbringen … Alois fliegt mit seiner ersten Botschaft zurück zur Erde – direkt ins Hofbräuhaus. Dort sitzt er übrigens immer noch und die Regierung wartet bis heute vergeblich auf eine göttliche Eingebung …

… weilst ollawei a Platzerl für mi host.

[weil du immer Platz für mich hast]

Der Bayer ist seit jeher gesellig. Er liebt gut besuchte Wirtshäuser, Bierzelte und Biergärten. Auch wenn der Tisch augenscheinlich schon vollbesetzt ist – mit einem *„Ruck ma a bisserl zamma"* findet sich irgendwo immer noch ein *griabigs Platzerl*. Bayern ohne Biergärten? *Des waar wia am Da Vinci sei Mona Liserl ohne Lächeln.* Dabei sind die „grünen Oasen" mehr oder weniger zufällig entstanden: Da die Brauer die Sommermonate über ein Kühlhaltungsproblem hatten, wurden spezielle Bierkeller neben den Braustätten errichtet. Darüber wurden häufig schattenspendende Kastanienbäume gepflanzt, weil man die Kellergewölbe oft nicht tief genug graben konnte, um ideale Temperaturen erreichen zu können. Findige Brauer kamen nun auf die Idee, ihr Bier direkt an Ort und Stelle zu verkaufen. Also wurden noch ein paar Bänke und Tische aufgestellt – und das war sie, die Geburtsstunde des Biergartens. *Oiso, kimm … Hock di hera, samma mehra. Prost!*

Länderkunde

In dieser Reihe sind bisher erschienen:

Bayern – I mog di
ISBN 978-3-89008-992-8

Hessen – Mei beschd' Schtück
ISBN 978-3-89008-994-2

Ostfriesland – Ik hebb di leev
ISBN 978-3-89008-995-9

Schwaben – I han di arg lieb
ISBN 978-3-89008-993-5

Immer eine gute Geschenkidee: www.groh.de

Über die Autoren:

Das „Bayern-Buch" ist das erste gemeinsame Projekt des Autorenduos Tina Herold & Christian Mayr. Kennen gelernt haben sich die beiden vor einigen Jahren während ihres Studiums in München. Heute arbeitet Tina Herold als Lektorin in einem Verlag und Christian Mayr führt eine eigene kleine Buchhandlung.

Bildnachweis:

Titel: Jürgen Effner / fotolia; Rückseite: Aimohy / fotolia & iStockphoto / SilkenOne; S. 3: LUC / fotolia; S. 5: picture-alliance / dpa / Tobias Hase; S. 7: picture-alliance / dpa / Karl-Josef Hildenbrand; S. 9: Mauritius / Gerd Schnürer; S. 11: Mauritius / Edmund Nägele; S. 13: Mauritius / Peter Weimann; S. 15: Mauritius / Bernd Römmelt; S. 17: picture-alliance / dpa / Ulrich Perrey; S. 19: Mauritius / Foodpix; S. 21: Mauritius / age; S. 23: picture-alliance / OKAPIA / Jo Fröhlich; S. 25: Mauritius / Josef Kuchlbauer; S. 27: Getty Images / Bridgeman Art Library; S. 29: Juniors Tierbildarchiv / S. Danegger; S. 31: iStockphoto / Munic; S. 33: Mauritius / Marcus Mitterer; S. 35: Mauritius / Ypps; S. 37: Mauritius / Hans-Peter Merten; S. 39: picture-alliance / akg-images; S. 41: Mauritius / imagebroker; S. 43: Mauritius / Photononstop; S. 45: Cinetext / Cinetext Bildarchiv; S. 47: Uli Wiesmeier / zefa/ Corbis

Textnachweis:

Wir danken dem LKV Bayern e. V. und dem dlv Deutscher Landwirtschaftsverlag, die uns freundlicherweise die Erlaubnis zum Abdruck der „Top-Ten der Kuhnamen" erteilt haben, sowie Herrn Johann Sanktjohanser für den Abdruck seines „Zugspitz-Rekordes".

Ein herzliches Dankeschön auch an die folgenden Personen für ihre hilfreiche Unterstützung: Julia Autolny, Martina Wiesbeck und Christine Eberle.

Idee und Konzept:

Groh Verlag. Das Werk einschließlich seiner Teile ist urheberrechtlich geschützt. Jede Verwertung außerhalb der engen Grenzen des Urheberrechtsgesetzes ist ohne Zustimmung des Verlages unzulässig und strafbar. Das gilt insbesondere für Kopien, Einspeicherung und Verarbeitung in elektronischen Systemen.

ISBN 978-3-89008-992-8
© Groh Verlag GmbH, 2008

Ein Lächeln schenken

Geschenke sollen ein Lächeln auf Gesichter zaubern und die Welt für einen Moment zum Stehen bringen. Für diesen Augenblick entwickeln wir mit viel Liebe immer neue GROH-Geschenke, die berühren.

In ihrer großen Themenvielfalt und der besonderen Verbindung von Sprache und Bild bewahren sie etwas sehr Persönliches.

Den Menschen Freude zu bereiten und ein Lächeln zu schenken, das ist unser Ziel seit 1928.

Ihr

Joachim Groh